So geht's

Aus der Haltung des Hundes heraus wird das rechte Bein quer vor dem Körper und das linke Bein nach hinten lang ausgestreckt abgelegt. Die Hände werden auf Schulterhöhe abgelegt und der Blick ist nach vorn gerichtet.

Wirkung

Diese Übung dehnt und entspannt das Becken, die Bein und die Gesäßmuskulatur.

Die Taube tut so gut, das glaubt man kaum:
Beine und Becken sind entspannt – das ist ein Traum.

Taube

So geht's

Aus der Stützhaltung heraus wird die rechte Hand von der Unterlage gelöst und nach oben ausgestreckt. Der Blick wird dabei ebenfalls nach oben gerichtet. Für einige Atemzüge halten, dann einen Seitenwechsel durchführen.

Variante

Auch diese Übung kann für eine bessere Standfestigkeit auf dem Unterarm ausgeführt werden.

Wirkung

Mit dieser Übung werden die Bauch-, Bein-, Arm- und Rückenmuskeln gestärkt und außerdem die Wirbelsäule mobilisiert und das Gleichgewicht geschult.

Das Gleichgewicht wird hier gestärkt,
das hab ich gleich beim ersten Mal üben gemerkt.

Stütz – seitlich aufgedreht

So geht's

Aus dem Stand heraus in die Vorbeuge gehen und die Hände links und rechts neben den Füßen abstellen. Zuerst das rechte Bein gestreckt nach hinten abstellen, dann das Linke. Bei dieser Übung ist darauf zu achten, dass der Körper eine gerade Linie bildet – das Gesäß darf nicht durchhängen!

Variante

Für einen sicheren Stand kann die Haltung auch auf den Unterarmen gestützt ausgeführt werden.

Wirkung

Diese Übung kräftigt die Bauch-, Rücken-, Bein- und Armmuskulatur und fördert die Standfestigkeit.

Meine eigene Kraft und Stärke spüre ich hier,
und Standfestigkeit – das bringt sie mir.

Stütz

So geht's

Aus der Haltung des Stuhls heraus werden die Hände zum Gruß zueinander geführt und der Oberkörper wird so gedreht, dass der linke Oberarm den rechten Oberschenkel berührt. Die Position wird für mehrere Atemzüge gehalten, danach kann die Seite gewechselt werden.

Wirkung

Diese Übung stärkt den Gleichgewichtssinn, kräftigt die Beinmuskulatur und hält die Wirbelsäule beweglich.

Beweglich bleibe ich mit dieser Übung von Kopf bis zu dem großen Zeh,
durch tägliches Yoga tut mir nie mein Rücken weh!

Stuhl – Händegruß

So geht's Aus dem Stand heraus werden die Knie gebeugt und der Oberkörper wird nach vorn geneigt. Die Arme über die Ohren gestreckt nach vorn führen und diese Position für einige Atemzüge halten.

Variante Für eine Steigerung der Haltung kann ein Fuß auf den Oberschenkel des anderen Beines abgelegt werden. Nach einigen Atemzügen die Seite wechseln.

Wirkung Diese Haltung kräftigt die Beinmuskulatur und die Standfestigkeit und streckt den Oberkörper. In der Variante fördert die Haltung außerdem die Konzentration.

Mit der Erde verwurzelt – so fühl ich mich hier ganz und gar.
Neue Kraft und Energie durchströmt mich – wie wunderbar.

Stuhl

So geht's In der Sitzhaltung wird der linke Fuß unter den rechten Unterschenkel gelegt und der rechte Fuß unter den linken Unterschenkel.

Variante Im Lotussitz wird der linke Fuß auf den rechten Oberschenkel und der rechte Fuß auf den linken Oberschenkel abgelegt.

Wirkung Dehnt die Beinmuskulatur.

Ob Schneider- oder Lotussitz: egal –
im Yoga hab ich immer die Wahl!

Was ich mag, das mach ich gern,
und wenn ich was noch nicht kann, weiß ich, wie ich es lern!

Schneidersitz

So geht's

Im Fersensitz werden die Knie leicht nach außen geschoben. Die Arme werden nach vorn ausgestreckt und die Handrücken zueinander gedreht. Die gestreckten Arme werden dann zwischen die Beine geschoben und der Oberkörper wird abgelegt.

Wirkung

Mit dieser Haltung wird der Schulterbereich und der Nacken entspannt und die innere Ruhe wiedergefunden.

Als Schildkröte weiß ich: im Panzer find ich meine Ruh,
und hab auch gleich die Äuglein zu.

Schildkröte

So geht's

Aus dem Fersensitz heraus wird das Gesäß angehoben und die Arme werden rechts und links im Winkel gehalten. Mit den Händen Krallenhände machen und den Mund dabei weit aufreißen (wie ein brüllender Löwe) – gern dabei die Zunge rausstrecken.

Wirkung

Der Löwe kann Spannungen abbauen und die Kiefermuskulatur entspannen.

Der Löwe ist das wohl stärkste Tier und diese Stärke trage ich auch in mir!

Löwe

So geht's

Ist das linke Bein für die Haltung des Kriegers vorn, wird die linke Hand auf der Unterlage stehen gelassen und der rechte Arm Richtung Decke geführt. Der Blick ist zur Seite gerichtet. Für einige Atemzüge halten, dann die Seite wechseln.

Wirkung

Die Übung hält die Wirbelsäule beweglich, kräftigt die Bein- und Fußmuskulatur und fördert die Standfestigkeit.

Nach den Sternen greife ich gern.
Ihr Strahlen trag ich in mir – auch wenn sie blinken so fern.

Krieger –
seitlich aufgedreht

So geht's

Aus der Haltung des Kriegers heraus werden die Hände zum Gruß zusammengeführt. Wenn das rechte Bein vorn steht, wird der Oberkörper dann nach rechts gedreht, sodass der linke Oberarm den rechten Oberschenkel berührt. Für einige Atemzüge halten, dann die Seite wechseln.

Wirkung

Durch die Drehbewegung wird neben der Kräftigung der Bein- und der Fußmuskulatur auch die Wirbelsäule mobilisiert.

Mit diesem Gruß tu ich mir gut,
mein Rücken freut sich und ich tanke neuen Mut.

Krieger – Händegruß

So geht's

Aus dem Stand heraus gehen die Kinder in die Vorbeuge und legen die Hände links und rechts neben den Füßen ab. Das rechte Bein geht in die Kniebeuge und das linke Bein wird lang gestreckt nach hinten abgestellt. Der Blick ist nach vorn gerichtet. Diese Haltung für einige Atemzüge halten, dann die Seite wechseln.

Variante

Für einen sicheren Stand kann auch das hintere Knie auf der Unterlage abgelegt werden.

Wirkung

Diese Übung kräftigt die Bein- und die Fußmuskulatur und fördert die Standfestigkeit. Außerdem sorgt die Haltung für ein Gefühl von Klarheit und (innerer) Kraft.

Das Bein nach vorn, der Blick zu dir –
meine ganze Kraft – die spür ich hier.

Krieger

So geht's

Aus der Bauchlage heraus werden die Hände unterhalb der Schultern aufgestellt und der Oberkörper wird nach oben geschoben. Die Schultern zeigen entspannt nach unten und hinten und der Blick ist nach vorn gerichtet.

Wirkung

Diese Übung dehnt die Wirbelsäule und kräftigt die Armmuskulatur.

Mein Rücken wird gedehnt und fühlt sich wohl,
genauso wie es im Yoga sein soll.

Kobra

So geht's

Aus dem Fersensitz heraus wird der Oberkörper nach vorne abgelegt. Die Hände werden links und rechts an den Ohren entlang nach vorne auf die Matte geführt.

Wirkung

Hier wird die Wirbelsäule entspannt und die innere Ruhe wieder gefunden.

Wie ein Päckchen verschnür ich mich nun.
So kann ich am besten in mir ruhn.

Kind

So geht's

Aus der Haltung der Kuh heraus wird das rechte Bein im rechten Winkel nach oben geführt, sodass die Fußsohle zur Decke zeigt. Dann wird mit der rechten Hand das Fußgelenk umfasst. Der Blick ist nach vorn gerichtet. Diese Position für einige Atemzüge halten, dann die Seite wechseln.

Wirkung

Diese Übung fördert die Balance sowie die Konzentration und dehnt außerdem die Oberschenkelmuskulatur.

Ganz grazil fühl ich mich hier:
Das Bein leicht nach hinten – schon gelingt es mir.

Kuh – Beindehnung

So geht's

Diese Übung baut auf der Übung *Katze und Kuh* auf. Aus der Kuh-Haltung heraus werden der rechte Arm und das linke Bein weit nach vorn bzw. hinten gestreckt. Danach werden Arm und Bein unter dem Körper zusammengeführt, sodass sich Ellenbogen und Knie annähern. Dieser Übungsablauf wird 5 bis 10 Mal je Seite wiederholt, dann wird ein Seitenwechsel durchgeführt.

Wirkung

Wie in der Vorübung wird auch hier die Wirbelsäule mobilisiert, zusätzlich wird aber noch das Gleichgewicht geschult.

Überkreuzbewegungen mögen Kopf und Körper sehr,
wann immer es geht: davon will ich mehr!

Katze und Kuh –
Überkreuz

So geht's

Aus dem Vierfüßlerstand heraus wird der Oberkörper aufgerichtet und seitlich aufgedreht. Dann das rechte Bein lang ausstrecken, den rechten Arm mit der Handfläche nach oben auf dem Oberschenkel ablegen. Der linke Arm wird über den Kopf zum rechten Fuß gedehnt.

Wirkung

Diese Übung dehnt und entspannt die seitliche Rückenmuskulatur.

Hier macht sich mein Körper lang und fein,
bis vor zu den Zehen – diese Richtung sollte es sein.

Katze – Flankendehnung

So geht's

Aus der Katze mit Flankendehnung heraus wird die linke Hand seitlich abgestellt, das rechte Bein leicht angehoben und der rechte Arm ausgestreckt Richtung Decke geführt.

Wirkung

Diese Übung fördert die Balance sowie die Konzentration. Außerdem dehnt und kräftigt sie die seitliche Oberkörpermuskulatur.

Diese Übung mag ich sehr,
balancieren macht Spaß und ist nicht schwer.

Katze – Balance

So geht's

Aus dem Katzenbuckel (Übung 14) heraus geht es in die Kuh. Langsam wird der Blick wieder nach vorn gerichtet und der Rücken wird im Kuhrücken leicht durchgedrückt.

Wirkung

Gerade die Kombination aus Katze und Kuh dehnt und entspannt den Rücken und mobilisiert die Wirbelsäule.

Hier freut sich gar mein Rücken sehr,
Schmerzen in der Wirbelsäule hab ich bald keine mehr.

Kuh

So geht's

Ausgangsposition ist der Vierfüßlerstand – dabei ist darauf zu achten, dass die Knie unter der Hüfte und die Handgelenke unter den Schultern abgestellt werden. Dann wird das Kinn langsam Richtung Brust geführt und mit der Wirbelsäule ein runder Katzenbuckel geformt.

Wirkung

Gerade die Kombination aus Katze und Kuh (Übung 15) dehnt und entspannt den Rücken und mobilisiert die Wirbelsäule

Die Katze tut mir immer gut,
in Kombi mit der Kuh macht sie mich frohgemut.

Katze

So geht's Im Vierfüßlerstand werden die Zehen aufgestellt, die Knie durchgedrückt und das Gesäß wird angehoben, sodass der Körper ein Dach bildet. Für ein paar Atemzüge halten.

Wichtig Bei dieser Übung ist auf einen geraden Rücken zu achten.

Wirkung Diese Übung kann einem Rundrücken vorbeugen. Außerdem kräftigt sie die Arm- und Schultermuskulatur.

Der Popo kommt hier ganz nach oben,
und die Schulten werden nach hinten geschoben.

Hund

So geht's

Aus der Haltung des Helden heraus wird die Handfläche des vorderen Armes nach oben aufgedreht und der Arm dann gestreckt Richtung Decke geführt. Der hintere Arm wird zum Oberschenkel des hinteren Beines geführt. Der Blick ist nach oben gerichtet.

Wirkung

In dieser Haltung werden die Arm- und die Beinmuskeln gestärkt und die Standfestigkeit wird gefördert.

Mein Blick wandert zur Sonne hin,
ich lächle ihr zu und recke stolz mein Kinn.

Held – nach oben gerichtet

So geht's

Sind das rechte Bein und der rechte Arm in der Ausgangshaltung *Held* vorn, wird mit dem Oberkörper so nach rechts gedreht, dass dann der linke Arm vorn ist und der Blick zur Seite geht. Wenn das linke Bein vorn ist, wird nach links gedreht.

Wirkung

Die Beinmuskulatur wird gekräftigt und die Wirbelsäule mobilisiert.

Das Drehen fällt mir gar nicht schwer,
die Wirbelsäule freut sich dabei sehr!

Held – Wirbelsäulenaktivierung

So geht's Aus der Haltung des Helden wird der vordere Arm auf dem Oberschenkel abgelegt – die Handfläche zeigt dabei nach vorn. Der hintere Arm wird als Verlängerung der Ohren nach vorn geführt und der Oberkörper begleitet die seitliche Dehnung.

Wirkung Die Beinmuskulatur wird gekräftigt und die seitliche Rückenmuskulatur gedehnt.

Mit leichter Drehung zur Seite hin,
fühlt sich's im Rücken an wie ein Neubeginn.

Held –
Flankendehnung

So geht's

Aus dem Stand heraus wird das linke Bein gebeugt nach vorn gestellt, so, dass das Knie nicht über die Zehen hinausragt (sonst kann es zu Knieproblemen kommen). Der linke Arm wird nach vorn gestreckt, der rechte nach hinten. Der Blick ist nach vorn gerichtet. Für einige Atemzüge halten, dann Seitenwechsel.

Wirkung

Diese Haltung kräftigt die Beinmuskulatur, dehnt den Hüftbeuger und vermittelt ein Gefühl von Kraft und Klarheit.

Stark wie ein Held steh ich im Leben,
kann Mut und Zuversicht auch anderen geben.

Held

So geht's

Aus dem Grätschstand heraus wird die linke Hand zur rechten Fußaußenkante geführt. Die rechte Hand zeigt zur Decke. Der Blick folgt der rechten Hand.

Wirkung

Diese Übung mobilisiert die Wirbelsäule, formt und stärkt die Beinmuskulatur und kann den Lendenwirbelbereich entlasten.

Eine leichte Drehung reicht schon aus:
Ruckzuck wird eine Mobilisierung draus.

Grätsche – seitlich aufgedreht

So geht's

Die Beine werden hüftbreit auseinandergestellt und der Oberkörper wird nach vorn gebeugt. Die Arme werden hierbei gerade zum Boden geführt. Diese Haltung für einige Atemzüge halten.

Wirkung

Mit dieser Übung wird der Lendenwirbelbereich entlastet. Außerdem wird die Beinmuskulatur gedehnt und gekräftigt.

Hier kann der Rücken ganz leicht hängen und genießen,
mit dem Blick zu den eigenen Füßen.

Grätsche

So geht's

Aus der Sitzposition heraus werden die Beine angewinkelt zum Bauch geführt. Der Rücken bleibt gerade. Die Arme werden gestreckt nach vorn geführt. Für einige Atemzüge halten, dann die Haltung auflösen und die Füße aufstellen.

Variante

In der gestreckten Liegeposition wird ein Bein angewinkelt zum Bauch geführt. Die Arme umfassen das Bein und das Gesicht nähert sich dem Knie. Für einige Atemzüge halten, dann die Seite wechseln.

Wirkung

Die Übung kräftigt die Bauchmuskulatur und fördert die Balance.

Kraft im Bauch und auch im Rücken,
hilft dabei, sich richtig zu bücken.

Boot

So geht's Im Liegen auf dem Bauch werden die Beine angewinkelt und nach oben gestreckt. Die Hände umfassen die Fußgelenke. Dabei wird der Oberkörper leicht aufgerichtet.

Wirkung Diese Übung dehnt und entspannt den Brustwirbelbereich und die Rückenmuskulatur.

Mein Rücken wird gedehnt und auch gebogen
und alles wieder an seinen Platz geschoben.

Diese Übung ist gar nicht so leicht,
doch etwas Training für den Erfolg schon reicht.

Bogen

So geht's

Die Beine werden hüftbreit auseinandergestellt und die Knie gebeugt. Die Hände werden zum Gruß vor den Körper gehalten. Diese Haltung für einige Atemzüge halten, dann auflösen.

Wirkung

Die Übung sorgt für Standfestigkeit und kräftigt die Beinmuskulatur.

Stark wie ein Berg – so steh ich nun,
und kann ganz entspannt jetzt in mir ruhn.

Berg

So geht's

Aus der Sitzposition heraus wird das rechte Bein nach vorn gestreckt. Der linke Fuß wird an den rechten Oberschenkel angelehnt. Die rechte Hand wird zum rechten Fuß geführt und umschließt das rechte Fußgelenk. Um die Dehnung noch zu steigern, kann die rechte Hand zu den rechten Zehen geführt werden.

Wirkung

Die Übung dehnt und entspannt die Beinmuskulatur.

Mein Bein mach ich ganz lang und fein,
so stellt sich Entspannung bei mir ein.

Beindehnung

So geht's

Aus dem sicheren Stand heraus wird der rechte Fuß am linken Oberschenkel abgestellt. Das rechte Knie zeigt dabei nach außen. Die Handflächen beider Hände werden zueinander geführt und vor der Brust zum Gruß gehalten.

Variante

Wer noch etwas Schwierigkeiten mit dem Gleichgewicht hat, kann den rechten Fuß auch an der Außenkante des linken Fußes aufstellen und so die Variante des kleinen Baumes für sich einnehmen.

Wirkung

Diese Übung schult das Gleichgewicht, stärkt die Beinmuskulatur, fördert die Konzentration und beruhigt außerdem die Gedanken.

Tief verwurzelt mit der Erde bin ich hier,
konzentriert bin ich und ganz bei mir.

Baum

So geht's

Im Stand werden die Beine überkreuzt. Dann wird der rechte Arm im Winkel vor den Oberkörper geführt und der linke Arm umrahmt den rechten so, dass die Handflächen sich weitestgehend berühren.

Wirkung

Diese Übung kräftigt die Beinmuskulatur und dehnt und entspannt den Nacken und den Schulterbereich.

Den Adler als Geheimtipp hab ich für dich,
hier freuen Nacken und Schultern sich!

Adler